明日から使える 死亡フラグ図鑑

CONTENTS　P002

STORY1　アクション編 -ACTION-
P005

STORY2　サスペンス編 -SUSPENSE-
P040

漫画 死亡フラグでサバイバル
画：茶んた
P064

STORY3　SF編 -SCIENCE FICTION-
P068

STORY4　ホラー編 -HORROR-
P098

STORY5 バトル編 -BATTLE-
P127

漫画 デスフラッグ ガール
画:もや造
P156

STORY6 パニック編 -PANIC-
P160
STORY7 サメ・ゾンビ編 -SHARK/ZOMBIE-
P184

あとがき -LINER NOTES-
P219

ヘマ踏んじまったぜ…

- 映画の世界 movie
- 小説の世界 novel
- アニメの世界 anime
- ゲームの世界 game
- ドラマの世界 dorama

誰もが一度は作品の中に行ってみたいと感じる。
だが、そうした世界に異世界転生した時に気がつくはずだ
意外と死は近くにあると言うことを……

1 怪しい洋館に避難する死亡フラグ

2 一発逆転を狙い薬を打つ死亡フラグ

3 話し合いで解決しようとする死亡フラグ

4 秘密の情報を伝えようとする死亡フラグ

5 作戦失敗をボスに報告する死亡フラグ

ここでは、図鑑形式で色々な死亡フラグを紹介する。
思わず口走りたくなるフラグや、
気づかずに死のループに入ることもあるだろう。
そういった時には、是非この本を手に取って、回避していただきたい。

――この死亡フラグ図鑑が完成したら、
　　結婚するんだ

DOOMED MOMENTS 01

叫びながらマシンガンを乱射する人

-ACTION-
STORY1 アクション編

THE DEATH FLAG No.001
作戦の失敗を ボスに報告する幹部

Story 1 アクション編

失敗は成功の母ということわざもあるが、ダメだったことをポジティブに捉えられる人間はひと握り。度重なる失敗の報告に対しては、死以外に償えるものはなし。部下への示威行為、はたまた自分の必殺技の試し斬りとして報告者の身が献上されるもの。でも、本質的に殺害される理由としては退職金の支払い拒否という背景がある。巨大兵器の制作やテロ行為には何かとお金がかかるもの。失敗が多く、周りのモチベーションを下げる幹部は、ジョブローテーションもしづらく、一般社会に出せば情報漏洩に繋がる可能性も。そうであればコストとして発生する退職金をゼロにすれば、次の作戦に予算を回すことが可能になる。そうした合理的判断が、ボスの乱暴な辞令に繋がっているのだ。悪の組織も世知辛い!?

THE DEATH FLAG No.002

実戦をなめている新兵

失敗の原因はいくつかに分類することができる。大きな失敗の一つに「自分の越えるべきハードルの高さを理解できていない」というものがある。恐ろしいことに、自分の命がかかわる地獄の戦争でヤラカシてしまう奴も存在しているのだ。大体、そういう不届き者は訓練の時の成績は優秀な場合が多く、ナンバーワンキャラクターというポジション。戦争が始まったとしても活躍できる！　と自信満々である。そんな人物は、人一倍正義感の強い主人公を仲間と一緒にいじめ、戦争前夜に薬物を吸って大らかな気分に浸っている。そして戦争の恐ろしさを表す描写として、作り手の格好の餌食となり、見事に足がつまずいたハードルに押しつぶされお亡くなりになってしまうのであった……。(茶一朗)

THE DEATH FLAG No.003

バタフライナイフを
かちゃかちゃさせる人

バタフライナイフはかっこいい。その機能的なデザインもさることながら、代名詞とも言える開閉アクションには、誰だって一度は憧れるはず。しかしバタフライナイフは刃物。うっかり扱い方を間違いでもすれば、自分さえ傷つけてしまうかもしれない。そんな危ない品物を、特に意味もなく、なぜか得意げな顔でかちゃかちゃ見せびらかしてくるような、安全管理意識の乏しい人間は当然死にます。ナイフが直接的な死の要因となることは少ないが、ところかまわず不用意にバタフライナイフをかちゃかちゃさせてしまうような油断──いわば現場をナメた精神性のために死にます。これは致し方ないこと。もし手元が寂しいようなら、バタフライナイフの代わりにハンドスピナーでも回しておくといい。(知的風ハット)

THE DEATH FLAG No.004
敵の足止めを引き受けてくれる人

いわゆる殿(しんがり)と呼ばれる死亡フラグ。パッとしない人物やガッツリ裏切りそうなルックスのキャラがその瞬間だけは主人公やヒロインを逃がすために全力を注いでくれる一番輝くシーン！ しかも、殿の役割は闘って勝つことではなく、命を賭して遅滞行為を行うことに目的があるというものだから面白い。1分1秒が今後の展開に影響をしてくることもあれば、結局追いつかれてしまうことも。だからといって、「後から駆けつける」「無事帰ったら1杯おごれよ！」「これが私なりの償い」「別に、アレを倒してしまっても構わんのだろう？」などと言わなきゃいいのにね。いっそのこと諦めて「自分は死に場所を見つけました」と美学を語るのも良いかもしれない。

THE DEATH FLAG No.005

闘いの最中に回想エピソードが入る人

人は生きている中でどうしてもノスタルジーや、想い出に浸りたい時がある。仕事で疲れた時、元彼が結婚してしまった時、俳優も監督も同じはずのリブート作が面白くなかった時。決戦の最中にも回想シーンに浸りたくなる瞬間だ。相手が強くてくじけそうになった瞬間……はたまた自分の生涯のライバルと戦う時、振り返りのシーンが入る。(勝てそうだとにんまりした時にも、強引に入ってくるパターンもある)キャラクターのアイデンティティーや復讐(ふくしゅう)のきっかけとなる流れだ、それがなくては勝利という感動のシーンへと繋がらないのだ。ただ、この展開は負けパターン・死亡パターンとしても常習化しており、掘り下げが少ないキャラがいきなりの回想に入り、そのまま負けるシー

014 Story 1 アクション編

ンがスッと割り込まれることも多々。特にアメコミ発の映画や、B級バトル物、日本の漫画で非常に多い印象。勝率で言うと回想に入った後は大体50％前後といったところ。もはや、勝つも負けるも時の運である。ちなみに、回想エピソードにオリジナリティーがあってファンがつくとその場では死ぬが、なんか理由をつけて次作や最終決戦などで復活することも（フィル・コールソンは絶対に死んでいたはず）。集中しなければいけない闘いで、うつつを抜かすから負けている説ももちろんある。でも、走馬灯になってしまうか、ただの回想になるか、はたまた死んでも復活できる展開となるか。それは神（プロデューサー）のみが知る話なのである。

THE DEATH FLAG No.006

叫びながらマシンガンを乱射する人

どんなに高性能な銃であっても、当たり前だが狙わないと当たらない。フルバーストと呼ばれる大量の弾薬がなくなるまで撃ち尽くすやり方は、大量の敵や強いボスがいる時をのぞいてほとんど効果がなく、軍の訓練では絶対ＮＧと教えられる。しかも「うぉおおおお！」と銃声以外に自分で声を発してしまうと敵からのヘイトも集まりやすくなってしまうもの。ちなみに、こうした全力で撃ってしまうのは、トリガーハッピーと揶揄され、部隊全員を命の危険にさらす場合もある、まさに死亡フラグ。銃火器を連射しながら叫びたい人は、スタローンかシュワちゃんのような弾丸を弾く強靭な筋肉を持つか、アパムに弾を持ってきてもらう時だけにしておこう。

THE DEATH FLAG No.007

負傷した敵兵にも優しい人

死亡フラグに正義と悪のカテゴリー分けが存在するのであれば、間違いなく正義に所属するのが『負傷した敵兵にも与える優しさ』だろう。ノーサイドの心を持ち、敵味方分け隔てなく慈愛を与えるキャラクターはすさんだ心になる戦争映画において、唯一無二な希望を与えてくれる存在である。しかし、そんな優しさにつけ込むクズや、不可抗力的な襲撃を受けがちな不憫(ふびん)なポジションでもある。『ありがとう』と言葉では伝えながら殺してきたり、はたまたケガによる意識混濁状態に陥り殺されてしまうなどかなりの確率で残念な結末を迎える結果に。命の尊さは言わずもがなですが、むやみやたらと助けすぎるのも残念な結末を迎えることになることを、絶対に忘れてはいけない。渡る世間は鬼が多いのだ。

THE DEATH FLAG No.008

話し合いで解決しようとする村長

「話せばわかる」とは、犬養毅（いぬかいつよし）が五・一五事件で発した名言である。結果、軍人に射殺されてしまったのは歴史にうとい人でも知っているのでは。無謀な交渉は時として予期せぬ結末を呼んでしまう。しかし、武力などの圧倒的な力を持つ側が有利な状況で、そこからの交渉というのは簡単ではない。相手の命を手中に握るのは、戦略的カードなのです。下手（へた）に相手を刺激すると村人が虐殺されてしまう状況、ラストコマンドは『たたかう』も『逃げる』も存在しません。最後は、確率の低い『説得』に頼るしかありません。ちなみに、主人公やヒロインが住んでいた村や町が焼かれると名作RPG・名作アニメだという謎ジンクスも存在している。

THE DEATH FLAG No.009

病を患っている師匠

強力なキャラクターに深みを与える要素。それは『病』。不治の病でありながら絶対的な力を持つ師匠キャラというのは、病気が治っていたら勝利していたかも、といったifを色々と生みつつストーリーを動かす上で欠かせない存在になっています。主人公を叱咤(しった)激励し、家族の秘密や、時間を稼ぐための殿となる。誰も犠牲にならない勝利などないと言わんばかりにスクリーンを象徴的に飾ってくれる。そして、決着がつくであろう瞬間に病の症状が出てしまい逆転されて負けてしまう。そんなシーンがあれば、なおのこと感情移入ができるというもの。そして最終奥義や戦う上で大切なことを教えて息絶える師匠。主人公以上に病気の師匠ポジションにファンが付くのもうなずける。

THE DEATH FLAG No.010

ボロボロの状態で伝令に来た人

マラソンの由来と言えば、伝令の兵士が40kmもの長距離を走り勝利を伝え息絶えたというエピソード。オリンピックの花形種目でもあり、今ではヘルシーな生活をする人々に大人気のスポーツだが、そんな伝令役の人とは映画では、本家のオマージュ（？）なのか、大抵ボロボロの状態で走り込んでくる。大軍によって蹂躙（じゅうりん）された、未知なる生物によって敗退した、はたまた将軍が暗殺されたなどと伝える言葉は様々。本家と異なり大体バッドニュースが伝えられる。ちなみに伝令をテーマにした作品としては『1917 命をかけた伝令』が最近のオススメの1本。タイトルからして死亡フラグビンビンの本作、どう転ぶかの結末は是非ストリーミングやブルーレイでチェックしてほしい！

THE DEATH FLAG No.011

絵に描いたような幸せな家族

Story 1 アクション編

幸せな家族というのは、人生のひとつの理想形です。アメリカでは2組に1組、日本でも3組に1組が離婚するぐらいだから、王道の幸せな家庭って意外とファンタジーに近いのかもしれない。そんなゴールの象徴が物語冒頭に登場した場合、物語を転がしていくためには大体不幸にされてしまう。弓の扱いが上手いイケメンの妻、銃器の扱いが得意な男性に愛されるピットブル。はたまた組織から足を洗った妻と結婚式のリハーサルをする夫。こういった言い方をしてはアレだが映画に求められるのは幸せなシーンの連続ではない。幸せに向かいもがき続ける、もしくは幸せを壊された復讐をするプロセスがエンターテインメントなのだ。だからアクション映画では、ハッピースタートから始まるのではないでしょうか。

THE DEATH FLAG No.012

決闘のルールを破るガンマン

命を賭けるバトルだからこそ、男たちはしっかりとルールを守る。ガンマンの対決においては、背中合わせでお互いに数歩歩き、ある程度の距離になったところで足を止め、コインが落ちる合図で撃ち合うという形が一般的である。基本的には先にホルスターから拳銃を抜いた方が勝ちやすいのが射撃の常。しかしながら、ガンマンの技量、立地的条件、拳銃のメンテナンスなど、先に抜いたからといって当てられる訳ではない。しかも、映画の場合、お互い外すなんてことは起きないので、一撃必殺の威力を持って勝たなければ死ぬ。だから、ズルして先に手を銃にかける悪役の気持ちもわかる。しかし、ここで何故か正義側にバイアスがかかるのが西部

10歩目で振り返って早打ち勝負だ

わかった

Story 1 アクション編

劇のお約束。先にズルして抜いた人よりも、後から抜いた人の方が最速で射撃を成功させる。特に振り返りながら撃つタイプの決闘では、よせばいいのに『だまされたな！』『死ねぇ！』なんて雑魚っぽい決めゼリフを添えるから、そりゃあ死亡フラグがガッツリ立ってしまうというもの。ちなみに、実際の決闘のルールと西部劇内での決闘のルールはかなり違うところがあったとか。白黒つけるための役割が強く死亡率は意外と低かったそう、（急所に直撃よりかは、体の一部に当たって勝ち負けが確定するというものだった）。ルールを守って戦う。破るヤツは必ず負ける。そんな勧善懲悪の道徳的側面が西部劇の決闘の中におそらくは内包されているといえるのではないだろうか。

THE DEATH FLAG No.013

超有名俳優と戦う人

キャリアや人気によりその人の生存率が大きく変化するのは映画ファンでなくても知られたところだろう。そのパワーバランスはどの映画ジャンルでも一緒で、(『シャークネード』を除いては)俳優のギャランティー順に犯人や黒幕など、なかなか死なない役があてがわれている。相手の有名度が上がれば上がるほど逆転勝利が難しく、見せ場は用意してもらえてもサクッと殺される場合も。唯一のフラグクラッシュになりうる要素はシリーズ物映画の場合や海外ドラマの場合。俳優のコストが連作によって倍々に上がってしまう場合や、スケジュールの都合でまさかの大逆転になることも。ただ、繰り返しになるが基本死ぬのはギャラが低い方。フラグの沙汰も金次第だ。

THE DEATH FLAG No.014
カーチェイスに巻き込まれるタンク車

大きな働く車はカッコイイ！　大人も子どもも大好きな「でっかい車」だが、子どもに人気があるのは、クレーン車や大型トラック、大型バス。しかし、映画監督に好かれるのはダントツでタンク車である。ガソリンをはじめとする危険物を運ぶ、縁の下の力持ちだが、愛される理由は、爆発・炎上のド派手さから。モブなタンク車は概ね操作を誤って横転！　ドカーン！　というのが十八番である。だいたい盛り上げるために殺されるが、生存能力が異様に高いのはスピルバーグの『激突！』。これでもかという程、主人公を追い詰める最悪の敵として印象深い。また、『ジョジョの奇妙な冒険』のOVAや『魔法少女まどか☆マギカ』では、タンクローリーが決め手となっている。モブから名脇役までこなせる名役者と言えるだろう。（佐藤）

THE DEATH FLAG No.015

戦いが終わったら結婚する人

作劇において、叶わぬ夢ほど美しく、切ないものはありません。道半ばで倒れていく者は、否応なしに涙を誘います。いわば「死亡フラグ」は、ある種のロマンでもあるのでは？定番中の定番「この戦いが終わったら、結婚するんだ……」なんかは、まさにそれ。この「全力でバッドエンドを引きよせようとしてくる言霊感」は、なんだろう……。むしろツッコミ待ちなんじゃないか等、観ているこっちがソワソワします。その人物としては、無事に帰還して結婚して幸せな夫婦生活を送ることが最高なのだろうが、"散る美学"を遂行してこそ愛されるキャラになるのも、また事実。言い換えれば「ゴールを可視化」し、うまくいかない方が愛されるわけです。つまりハッピーエンドは不正解！　さすれば安心して、逝け！（SYO）

THE DEATH FLAG No.016

貴重な食糧の運搬車

この飽食の時代、スクリーンの中では絶望の淵にいる人々が廃墟で暮らしている。そんな中、食料を運んできたトラックが！　人々の希望を運搬する車だが、視聴者と登場人物の期待をあおりまくったあげく、大体の場合破壊されるか略奪される。貨幣は食べてもお腹がふくれない世界では、食料運搬車は現金輸送車に等しい。運転しながら、村の人々が喜んでくれるのが楽しみだ！　早く届けたいな！　なんていう人並みな感想を述べたら大体アウト。フロントガラスがパキッと割れるか、ドアが開いて一気に人が乗り込んでくる。不用心な停車もNG。簡単に殺されたくないのであれば、食料を運ぶ際には『マッドマックス』のイモータン・ジョーぐらいのしっかりとした隊列を組んで運ぶべし。

THE DEATH FLAG No.017

戦闘中に相手の主題歌が流れてきてしまった人

戦っている最中に主題歌が流れてきた!?　あなたが敵側なら、もはや諦めた方がいいかもしれない。主題歌が流れた瞬間、どんな絶体絶命のピンチでも主人公にバフ（強化）がかかり、サビのタイミングで勝利が確定する。映画以上にこのパターンが多いのは、アニメや特撮系。処刑用BGMと別称があるほど。「愛をとりもどせ!!」（北斗の拳）、「キミがいれば」（名探偵コナン）、「ペガサス幻想(ファンタジー)」（聖闘士星矢(セイント)）など枚挙に暇(いとま)がない。ただ、普通の曲調からアレンジされている場合は、主人公側のメインキャラに悲劇が起こる可能性もある。とにかく主題歌のイントロが流れてきたら、しっかり主人公にはあがいてもらい印象的な死を演出するよう努力をしてみましょう。大逆転があるかもしれない。

DOOMED MOMENTS 02

お金で助かろうとする人

-SUSPENSE-
STORY2 サスペンス編

THE DEATH FLAG No.018
冥土の土産に色々教えてくれる人

「冥土の土産にいいことを教えてくれる人」は世界中に存在する。平常時の彼らは皆一様に欲深く、疑り深く、そして計算高く抜け目ない。己の野望のためなら手段を選ばず、手を汚すことさえためらわないといったタイプだ。わざわざ他人のために時間を割いてまでなにかを教えてくれる人格者ではない。でも、なぜかそういう人間に限って、土壇場で突然「冥土の土産にいいことを教えてやろう」と隠された真実を語り始める。絶対的優位に立ったと錯覚してしまった人間に共通する油断のパターン。とにもかくにも、一通り真実を話し終えたタイミングで、この「冥土の土産オジサン」はスキをつかれ、逆転劇の果てに死ぬ。この手の結末を避けたいならば、長話は控えさっさとそのトリガーを引くことだ。(知的風ハット)

THE DEATH FLAG No.019

トイレの個室にこもる人

人はトイレによって支配されている。人類に自由意志があると思ったら大間違いだ。映画鑑賞中も、車に乗っている時も、はたまた戦争の最中でももよおしたら必ずトイレに行かなければいけない。トイレファースト、トイレによる人類の支配は完了していたのだ！　それは映画における有事の際も同じ。中でも『ゾンビランド』ではゾンビで溢れた世界で生き残るためのルールとして「トイレに用心」と謳っているほど。人はゾンビに殺されるのではなく、トイレに殺されるのだ。これはメディアに書かれていない真実。だから恐竜や殺人鬼に追いかけられても、トイレに篭ってやり過ごそうなんて思ってはいけない。(茶一朗)

THE DEATH FLAG No.020

薬物にハマりだした人

スプラッター映画であれアクション映画であれ、薬物をヨイショする映画は存在しない。どんな破綻した映画であったとしても、倫理的な要素を無視する作品や直接的な犯罪助長を行うことは許されないのでしょう。その暗黙のルールにより、薬物にハマるキャラクターには大体鉄槌がもたらされる。①廃人やモンスターになるパターン②薬物が原因で事故死や心停止など死亡パターン③幻覚により友人や家族を殺してしまうパターン。ハリウッドも日本も同じですが、映画関係者の薬物汚染はかなり深刻と言われている（お金持ちが多いからでしょうか）。映画を教訓に常習薬物からの脱却をすることが人生の死亡フラグにも繋がっているのではないだろうか。

THE DEATH FLAG No.021

重要人物のボディーガード

ボディーガードという職業はカッコイイ。退役軍人や警備員の転職先としても人気な職業として知られているが、特殊な訓練を行っている人になると、年収2000万を超える高給取りになれるとも。政治家や女優、はたまたマフィアから頼まれ身辺警護を行う職業ですが、大体の場合は警察とはそりが合わない。仕事へのプライドから、もしくは自分の存在意義のため大抵の場合、協力体制を拒否してしまいます。そして、物語の冒頭のボディーガードほど、簡単にやられてしまい存在もない。屈強な肉体や強力な銃火器を持っていたとしても、少人数に殺されるか要警護者を誘拐されてしまう。そして、自信満々な彼と次に会うのは死体安置所での無惨な姿という場合が多いのである。

THE DEATH FLAG No.022

お金で助かろうとする人

あなたがもめごとを抱えており、かつあなたに明らかな非がある場合、その問題はお金を払って解決できるなら、払ってしまうのがベストだ。金銭による和解こそ、この世でもっとも早く、後を引かず、そして法に則った手段である。でも、そのセオリーは「相手があからさまな殺意をもって、こちらに銃を突きつけていない場合」に限られる。「生きるか、死ぬか」の絶体絶命の状況に陥ってから、身銭を切ったって手遅れだ。切羽詰まった相手、もしくは淡々と「殺し」を行うような相手に、一般的な損得勘定が通じるはずもない。「地獄の沙汰も金次第」ということわざがありますが、時として面子や信用、怨恨というものが金以上の意味を持つということを忘れてはいけない。(知的風ハット)

THE DEATH FLAG No.023

美女に誘惑される男

年中美女に誘惑されているルパン三世をのぞけば、美女に誘惑されて痛い目を見ない方がレアケース。しかし、落とし穴とわかっていても男はバカが本当に多い。大体の場合は見えている地雷を踏み抜きにいく。美女のお誘いがくどければくどいほど地雷の確率は上がる。見ている側もニヤニヤしながら、さえない男が死に近付いていく様子を楽しんでしまうもの。『X-MEN2』の鉄分たっぷり男をはじめ、ついて行った結果は惨殺死体のできあがり、というパターンが多い。お約束な死に方とも言えるが、美人キャラや悪役キャラのお披露目カットでもあるので、胸部から臀部までしっかりと観察しておこう。意外な伏線があるかもしれない。

THE DEATH FLAG No.024
一人だけ別の部屋に閉じこもる人

お一人様って楽しいもの。カラオケ、焼肉、テーマパーク、映画……etc。人の目を気にしなければ、自分だけの時間を満喫できる。そんなお一人様にも絶対にやっていけないルールがある。それは、殺人事件に遭遇した時。リビングに皆で集まっている中、犯人がいるかもしれないと疑心暗鬼になってしまい部屋で一人になりたい気持ちはすごくわかる。わかるが、そんな時こそ犯人と同じ部屋にいた方が安全。犯人は一人になったタイミングであなたの命を狙ってくる。それだけではなく、アリバイ証明ができないあなたに罪をなすりつけてくるかも。小学生のフリした天才名探偵や祖父が名探偵の少年がいなければ、もう諦めて皆でリビングにいよう。なお、怪しすぎる場合は一人でいても死なない可能性がある。(東雲(しののめ))

THE DEATH FLAG No.025

夜中にノックされる政治家

「コンコン」。小さくノックされるシティホテルの扉。こんな真夜中に誰だろう？　といぶかしがる政治家。ルームサービスかな？　はたまた部屋を間違えたかな？　と思い、ベッドから腰を上げて扉に近づいていく。いきなり扉を開けず、念のためドアアイ（扉についている穴）からのぞいたものの、外には誰もいない。不思議に思い扉を開けると突然扉の死角から刺客が……。そうした、明らかな死亡フラグで多くの尊い優秀な政治家達の命が失われてきた。悔やんでも悔やみきれません。将来YouTuberではなく政治家になろうと志している小学生諸君。ホテルに泊まってノック音が聞こえたとしても、絶対に無視しよう。おそらく気のせいだから、確認しに行くくらいなら、ベッドに入ってグッスリ寝てしまおう。

THE DEATH FLAG No.026
刑事物の冒頭で ヘイトを集めている人

サスペンスドラマにおいては、死亡するキャラクターの順序というのは意外と重要。ヘイトのポイントカードを満タンにまで貯（た）める義理の母。美人で儚（はかな）いタイプのお手伝いさんをいびるお姉様。昼ドラ的ポジションでアクセル全開のいじわるな娘。『灰かぶり姫』をはじめ情操教育で『人をいじめたらダメ！』と勉強しているハズなのにぼろ雑巾の如（こと）く人を虐（いじ）めているキャラが最後まで生き残ることは非常に少ない。もちろん、虐めを誘導する黒幕が本当は優しいキャラだったという意外な結末もある。しかし、大抵は素直な勧善懲悪。殺された上に視聴者にも同情されない結末を迎えたくなければ、人の道を外れた行いはつつしみましょう。

THE DEATH FLAG No.027

極秘の情報を握っている人

軍隊が開発する秘密兵器、有名組織の裏の顔、重大事件の犯人につながる証拠、はたまた警察内部の不正情報。秘密は数あれど、それを暴いた瞬間から残念ながら貴方(あなた)は命を狙われることになる。特に、映画中盤で真相を知った人物は必ずといっていいほどかわいそうな結末を迎えてしまう。必死の思いで情報を伝えようとしても、電話の先から「盗聴されている可能性があるから、会って話そう」と言われた瞬間から命がけの移動が始まる。切電後にすぐに殺されてしまう場合もあれば、落ち合う約束に少し早めに着いてしまったがために惨殺される場合も。辛(かろ)うじてダイイングメッセージを残せれば及第点。あとは天国で吉報を待ちましょ。

THE DEATH FLAG LONG COLUMN No.001

死亡フラグのフラグって何なのさ？

和訳すると旗という意味です。しかし、実際に使われる言葉の意味合いは①プログラミング②シミュレーション・アドベンチャーゲームによって定義されたと言われています。まず、プログラミングにおけるフラグですが、条件分岐や計算結果などを入れておく領域の事をそう呼びます。例えば、ショップの在庫が0になった場合『売り切れのフラグ』が立って、購入ボタンが押せなくなる。これはプログラムが行っているフラグで、売り切れたから買えないよという旗上げの様な動きから名付けられたとされています。そうしたプログラミング用語がベースとなりマイコンや一部のゲームクリエイターがジワジワと認知を広げていったフラグですが。一般的になりはじめたのは『ときめきメモリアル』をはじめとするシミュレーションやアドベンチャーゲームがジャンルとして成り立ってからではないでしょうか。特に『ときメモ』とも略される本作は大人気となり、イベント処理や隠しキャラを見つける方法など活発

に情報交換がなされたそう。どういったパラメーターがきっかけとなるのか、すなわちフラグとは何かが認知されていった訳です。黎明期(れいめいき)だったこともあり難易度も高く、一発クリアーは難しかったとか。他にもゲームにおいては、色々なフラグが名付けられました。例えば『負けフラグ』。どこまで攻撃してもダメージが通らなかったり、一撃必殺で殺されてしまうという、ストーリー展開上で強制的に開始されるイベントを指します。『勝利フラグ』は、その逆パターンで勝手に無敵状態になったり、必殺技が撃ち放題になったりなど。基本的に起こりそうな事やイベントとフラグという言葉を付ければ何でも成り立ってしまいます。『離婚フラグ』『徹夜フラグ』『ボーナスフラグ』『小テストフラグ』『〆(しめ)のラーメンフラグ』……etc。プログラミング用語ながら、もはや一般用語となっています。貴方も新しいフラグを立ててみませんか？

DOOMED MOMENTS 03

規格外の反応を装置の故障と決めつける人

-SCIENCE FICTION-

STORY3 SF編

THE DEATH FLAG No.028

規格外の反応を装置の故障と決めつける人

敵機やモンスターが迫る。その反応をいち早く確認するレーダー員。「ばかな、こんなスピードが出るわけがない！」そんなセリフを発した瞬間、もう回避できないところまで迫る敵……。実際、計器誤作動は意外と多いのが事実。本部に報告すればスクランブル発進にも繋がってしまうため、内々でじっくり確認する場合やもみ消しがあるのはわかるが、映画では死亡フラグに繋がっている。ちなみに、有名なフラグクラッシュも存在する。『機動戦士ガンダム』でのシャアザクとの初対決では、通常の3倍の速度で接近してくるMSの報告があった。B級映画であれば計器のトラブルと判断、ホワイトベースは撃沈されるところ。パオロ・カシアス初代艦長がシャアのザクと見抜き、アムロに伝えることで生存に繋がった。(佐藤)

THE DEATH FLAG No.029
巨大怪獣の周りを旋回する戦闘機

映画ではスナック感覚で落とされる戦闘機だが、たとえば最新戦闘機ラプター（F-22）の価格は１機あたり数億ドルと言われている。パイロットの訓練も最低でも数年はかかると言われており、撃墜されることで軍隊や国防に与える影響度は計り知れない。では、なぜ巨大怪獣の周りを飛んでしまうのか。それは、巨大怪獣に誘蛾灯的要素があるのだ。夏場にコンビニの明かりや街灯に近づいてしまう蛾や蚊のように、なぜかパイロットがふらふらっと近づきたくなる欲求にかられてしまうのである。距離感を見誤った戦闘機は、青い光でバチッと落とされてしまうのは致し方ないこと。強力なビームや巨大な大きさにばかり目がいきがちだが、怪獣達が持つ怪しい特殊能力にも、今後は目を向けていかなければいけない。

THE DEATH FLAG No.030

異様な物体を触ろうとする人

その、なんでもかんでも迂闊（うかつ）に手で触ろうとするクセは直していただきたい！　ましてや何やらヌメヌメした未知の肉塊だの、湿地帯の奥で見つけた巨大生物の卵だの、太古の呪いを秘めた伝説の財宝だのに触れてはいけない。十中八九、触ったとたんに中からエイリアンが飛び出してきたり、卵を産んだ親が現れたり、太古の偉い人が手間暇かけて作った、超ハイテク人殺し装置が発動するから。にもかかわらず、触ってしまう人は今もなお後を絶たない。そして、四次元の壁の向こうの視聴者から「こいつバカだなあ」と指をさされつつ死ぬ。不思議なことだが、現実にもプロの「ついうっかり」の油断から大惨事に発展するケースはままあるため、彼らの死に様は反面教師として肝（きも）に銘じておこう。（知的風ハット）

THE DEATH FLAG No.031

数で勝負してくる人

孫子の兵法においては『数に合わせて闘い、数が少なければ逃げろ』とある。多数の兵隊で闘うことは勝利への最短ルートだが、映画やアニメでは「卑怯者」と位置付けられ、主人公や敵の実力を示す当て馬にされることもしばしば。『ガンダム』におけるボカスカ撃墜されるドム。『十三人の刺客』における相手方サムライ。『３００』における有象無象のペルシア軍。赤壁の戦いの曹操軍。最近では転生ものの雑魚キャラも。ちなみに、圧倒的な実力の相手と対峙したらどうすればいいか？　答えは、ある程度損害がでたら、むやみに戦い続けるのではなく撤退をスムーズに行うこと。数が多ければ一人一人の死に様を丁寧に描く暇はないので、こっそり逃げても見つからない可能性が高い。

THE DEATH FLAG No.032

脱出ポッドで一人だけ逃げようとする人

仲間を置いて逃げるヤツに基本的人権はない！　仲間を裏切り、逃げ出すような裏切り者はむごたらしく死んでくれないかな？　と視聴者は期待するはず。そうした期待を裏切らないのが『一人だけ逃げちゃおう』フラグ。黒幕だろうと主人公の親友だろうと脱出ポッドで一人だけ逃げられたことはないのである。ポッドで脱出を試みる人物は三つのカテゴリーに分けられる。①我が身惜しい型：敵やボスを自分で倒す実力はない、逃げなければ死んでしまう！　目の前に脱出ポッドがある！　逃げちゃえ！　②ずるっ子型：心理戦では常に上位に立っていると自負している詐欺師や３枚目キャラ。常に自分本位で行動して、それを悪びれない。③最後の手段型：ボスや裏切

Story 3 SF編

りものが最後の手段として周到に準備をしている場合。本人に実力がない場合が多い。これらが一人で逃げてしまう人物の基本形だ。もちろん死に方も概ねパターン化されており、「はっはは！ 逃げおおせたぞ！」と高笑いした瞬間に大体撃ち落とされるか爆発する。脱出ポッドには自爆装置がセットされていたり対空ミサイルで撃ち落とされたり、はたまたラスボスに追いつかれてしまったり。断末魔と共に爆発四散すること請け合い。こういった脱出ポッドで逃げてしまう人々にマッチする中国の故事がある。それは『悪の小なるを以って之を為すことなかれ』という言葉で、どんな小さいことでも悪事はしてはいけないという意味である。改心してやっぱり戻ってくるぐらいが、愛されるキャラクターになれるのかもしれない。

THE DEATH FLAG No.033

制御が不安定な怪物を操る人

不安定ながらも強大な力を持つ怪物。そんな怪物を扱う科学者達は、悪の組織に引き抜かれる程ですからすばらしい頭脳をお持ちなのは間違いない。誰もが無理と思っている挑戦にもアグレッシブにトライ＆エラーをしていくが、そういった人ほど落とし穴に落ちてしまう。「俺なら、ちゃんと怪物が操作できる！」。受験戦争、論文査読、研究も完璧で一度も挫折を経験したことがないのかもしれない。そういった慢心から完璧な怪物を作れたと勘違いした先に待つのは、怪物の反逆。やっぱり怪物だって人間といっしょで信頼関係が大事。操作ではなく、愛を持って相談していれば、きっと犠牲者１号になるのは避けられるはず。

THE DEATH FLAG No.034
明らかに弱点がある キャラデザのモンスター

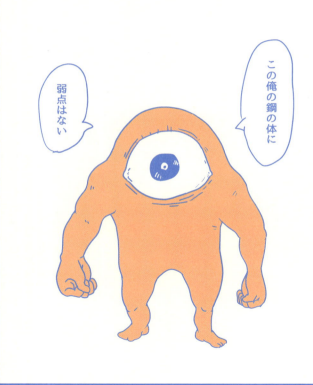

ファンタジーのモンスターや、SF映画の怪物には、屈強な肉体やタフネスを持つキャラクターが多い。しかしなかには、明らかに弱そうな箇所があったり、目立つ位値に怪しい突起が付いているヤツがいる。死亡フラグを身につけているのである。こうして作られたモンスターは、たとえるならば強化ガラス。普通のガラスの何倍もの強度を持つが側面にコツンと軽い衝撃があるだけで簡単にバキバキに割れてしまう。一部を強くするためには、一部は弱くなってしまう。そうした背景を知らず、ヒーローキャラは「弱点を見つけた！」と叫ぶ。もう少し、モンスター達のいいところを評価してあげてもいいのでは？　なお、弱点を狙って返りうちにあう「逆死亡フラグ」も存在する。

THE DEATH FLAG No.035

薬を打ってデカくなる人

追い詰められた科学者が立ててしまう、典型的死亡フラグである。謎の液体を二の腕に刺し、注入。瞬く間に超巨大なモンスターに！　実験の最終段階、ナチスの謎技術、追い詰められやむなく自分に刺すなどがパターンだ。おおむねスゴい力は得られるものの、一時的に得た力には代償がつきもの。急速に筋肉が減少してしまったり、無限に成長し止められなくなる、知能が低下など、様々なデメリットを享受するハメに。その弱点を突かれて倒されることも多い。こうした大きくなる薬はヒーローサイドになると効果的なアイテムになる。キャプテン・アメリカの血清やポパイのほうれんそうなどはデメリットがほとんどない。自分がヒーローキャラだという確信がないのであれば、ゆめゆめこうした手段には手を出さないこと。(佐藤)

THE DEATH FLAG No.036

スクロールバーが
あとわずかな敵

仮にあなたが一騎当千の古強者(ふるつわもの)にして、森羅万象を支配する闇の大魔王だったとしても、絶対に敵(かな)わないものがある。それは、尺(しゃく)の都合。いかに強大な力をもっていようと、物語の残り時間がギリギリでは振るいようがない。「勇者っぽい存在」に巻きで倒され、いささか不完全燃焼気味な死を迎えるだけだろう。もっとも監督が、「少しばかり露悪趣味的でセオリー破りを好むタイプ」だった場合は、勝ち逃げする目がないわけではない。また、その物語が「勇者の敗北から、つづきは続編」という結末でも、やや延命治療的だがあなたは死なずに済むでしょう。が、いずれにせよ望み薄には違いないので、最後っ屁(ぺ)めいた必殺技でも繰り出しておくべきでしょう。(知的風ハット)

THE DEATH FLAG No.037

戦隊ロボ用にデカくなる怪人

『バトルフィーバーJ』から始まった戦隊ヒーローと怪人の巨大化対決。逆転の一手としてよくあるのが、「めちゃめちゃ大きくなる」。物理学的に大きい程強いというのが定説だが、今一つ逆転できたパターンはない。なぜ、そこまで弱いのか？　それは質量保存の法則が一因。ボスからのエネルギーやアイテムにより巨大化を行っているが敵キャラ本体は大きくなるほどのエネルギーは保有していない。結果、見た目は大きいが、実際はエネルギー足らずな状態になっているのでは？　言うなれば風船に空気が入れられた状態。それじゃあ、戦隊ロボには勝てない。逆転したいのであれば、ここぞという最強キャラをしっかり巨大化してから対決してみるのをオススメする。

THE DEATH FLAG No.038
沈みゆく戦艦に思いをはせる艦長

艦長になれる条件を三つあげるのであれば『人望・戦略・責任感』ではないだろうか。愛する相棒（船）と部下を救うべく最後まで戦う艦長の姿に、我々は胸を熱くするのである。最後まで突貫突撃を指示する熱い艦長もいれば、作戦遂行のために命を投じる艦長も。はたまた出演シーンが12分だけの船長として多くの人を救う名艦長もいます。物語終盤の撃沈のシーンであれば、熟年艦長ほど死亡率が本当に高い！　若手の主人公が一兵卒で艦長を代行する場合には、代わりにメカニックや副艦長が死ぬ場合が多い。たとえ艦と心中しても、その死をあざ笑うものは誰もいない。隊員と同じぐらい一緒に生きてきた戦艦を仲間と思っているのだ。それこそが艦長の生き様であり美学なのだから。

THE DEATH FLAG No.039
こいつは貴重な生物だから殺すなと主張する科学者

あなたの言い分にも一理ある。「太古の昔に絶滅した生物」だとか、「他の惑星に生息する動物」は、貴重な存在だ。生かして捕まえることができたなら、富も名声もあなたの思うがまま。だが、しかし、だ。その生き物が「まっすぐこちらに向かって突き進んでくる何でも食べる肉食動物」、または「非常に残忍な気質で知能が高く、隙あらば檻から抜け出そうと企んでいるエイリアン」だった場合、あなたの動物愛護精神は裏目に出る。下手にハッスルして「殺してはダメだ！　どれだけ貴重な存在かわかっているのか！」などと叫んでしまった暁には——あなたはその怪物のためにえげつない死に方をする。保護や研究はけっこうなことだが、「弱肉強食の掟」を忘れてしまってはいけない。（知的風ハット）

THE DEATH FLAG No.040
セキュリティが万全の軍事兵器の担当者

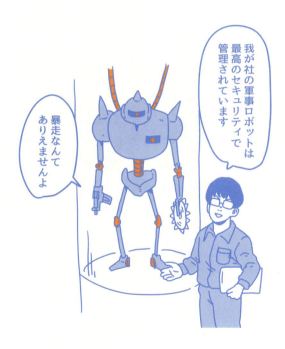

その軍事ロボットのセキュリティは万全？　最先端テクノロジーで管理している？　暴走なんて、万に一つもありえない？　結構です。貴方(あなた)方の大企業の優秀な専門家が言うならそうなんだろうね。でも待って。やっぱり心配だな。そのロボット、宇宙からの怪電波に備えた対策はしてある？　この会場に無理やり押し入ってきた国際的テロ組織が、ハッキングして意図的な暴走を引き起こそうとしてきた時はどうすればいい？　金で商売敵に寝返ったエンジニアが、こっそりシステムにウイルスを仕込んだりしていないかチェックした？　自我は芽生えない？　虚空をさまよう凶悪犯罪者の悪霊が、ふとしたきっかけでこのロボットに憑依(ひょうい)したときのことは考えてある？　考えてない？　そうか。あなたは死ぬ。（知的風ハット）

THE DEATH FLAG LONG COLUMN No.002

映画のお約束との正しい付き合い方

映画をはじめ、多くの作品を見るとパターンを見抜きやすくなってしまうもの。特にベターなストーリー展開は黄金比のごとく規定のルールがありますから、展開予測が働きやすくなってしまいます。職業柄、年間1000作品以上の映画を見ていますが、知れば知るほど、頭のデータベースはパターン化をしがちです。お約束を見抜いてしまいがちな貴方に、ちょっとした映画との付き合い方をご紹介します。①見ないジャンルの作品にトライすると、脳はリセットされやすいです。サブスクリプション全盛期の今ですから思い浮かんだワードでとりあえず視聴してみるのはいかがでしょうか？　意外な名作を見つけられるかもしれませんよ。②予告編をはじめとする事前情報のインプットは少なめにしておくのが吉。あのキャラって主人公かばって死にそう……みたいな発想になると、それ自体がフラグになることもある訳です。③予想を裏切ってくれたら、監督や脚本家に心の中で拍手をしよう！　映画を数見ていると、

斬新な展開に出会っても、「ふーん。まぁ予想外だったけど、展開としては60点かな……」みたいにプロの批評家気取りになってしまいます。裏切られた事を素直に喜ぶことで、映画を見ていなかった頃の自分を取り戻せるはずです。ひねくれた見方をしたって本質的に映画を愉しめないということは、私も5000本を超えてやっと気づかされました。
④どんな展開になっても優しい心を持つことが大事です。楽しくない作品に出会うと、こんなの○○の劣化作品だ！と怒りをぶつけあら探しをしたくなるもの。酷評されて育つ映画監督はいません。たとえ、開始15分で残りの展開を全て言い当ててしまったとしてもエールを送る気持ちって大事だと思いますよ。貴方にとってのいい映画に出会おうとしたら、どうしても本数を見る必要があります。評価の星や賞に縛られず、貴方の為の名作を探してみてください。

DOOMED MOMENTS 04

デスゲームの説明中に騒ぐ人

- HORROR -

STORY 4 ホラー編

THE DEATH FLAG No.041

古い洋館に避難するグループ

洋館に入る人々は馬鹿である。『シャイニング』『サイコ』『家』『バイオハザード1』『死霊館』。舞台設定において、洋館は欠かせない危険スポット。にもかかわらず事前準備なしに入館するなんて危機管理能力の欠落と言われても仕方ない。雨だろうと雷だろうと、たとえ熊が襲ってこようとも洋館に避難はNGです。入れば生き残れると断言できる状況以外は、入ってはいけないのだ。ただ、この十八番フラグを一発目からへし折ってきた名作ドラマも存在する。それは、名脚本家三谷幸喜による『古畑任三郎』の第1話。ひょんなことから洋館に立ち寄ることになった古畑が、部屋で起きた事故を事件と判定し犯人を追い詰める。初っぱなからベターな展開を裏切ってくるのはさすがとしか言いようがない。

THE DEATH FLAG No.042
全然かわいくない人形を買ってきちゃう家族

ぼくのパパとママはね、子どものことなんか全然わかっちゃいないんだ。人形一つにしたって、怪獣のソフビだとか、ロボットのプラモだとか、流行りのマスコットのやつだとか、いろいろあったはずじゃないか。よりにもよってなんでまた、こうリアル寄りの呪われてそうなのばかりをピンポイントで買ってくるんだ。おまけにこれ、勝手に家ん中を歩き回ってるみたいなんだ。そのことを言っても、ちっとも信じちゃくれないんだ──というわけで、この少年のご両親のうち、より息子をナメていた方が死ぬ。が、それよりもどちらかというと「ご家族のお隣さんがとばっちりで人形に殺される」という可能性の方が格段に高いため、グロテスクな人形を買いがちな一家が住んでいる場合は注意しよう。(知的風ハット)

THE DEATH FLAG No.043
天井から垂れる液体に気が付いた人

その液体が単なる水か、はたまた怪物の唾液か、それともまったく未知の物質かは定かではない。が、いずれにせよ、天井から垂れてくるその液体は、十中八九衛生的ではない。そして、あなたは死ぬ。こっそり頭上に潜んでいたバケモノにそのままぺろりと食べられるか、じつは人体に有毒だったその液体の作用により全身を溶かされるかして死ぬ。そうならないためにも、常に自分の上方を含む、周囲の状況には警戒を怠らないことだ。この液体は「あなたが未知の生物のすみかを探索中、それも一列に並んで歩いているときや、ふと立ち止まって何か口論していたとき」などに特に垂れてきやすい。あなたの信じる宗教の神に、そのネバネバが聖なるものであることを祈ろう。(知的風ハット)

THE DEATH FLAG No.044

祠を破壊する建築現場の監督

Story 4 ホラー編

傲岸不遜な人間は、報いを受ける。これは、ホラー映画やパニック映画が教えてくれる人生の教訓。先人に敬意を払わない人間は、秒でおっ死ぬと決まっているのだ。その好例が、祠を壊しちゃう現場監督。地元のじいちゃんばあちゃんや、薫陶を受けたキッズが「ここには土地神様が！」って言ってるのに、「時代は近代化じゃ！ ヒャハー!!」と工事を強引に進めてしまう。なんなら、祠を蹴り飛ばしたり唾をかけたりする。そりゃあ怒られるよ。それもこれも、無茶な工期を強いられる現代日本の社会構造が原因か……。ゆとりのない社会には、やはり弊害が生じるもの。なんて考えると、結構社会派な死亡フラグなのかもしれない。結果、カランコロンと下駄の音を響かせて奴がやってくるのだ。(SYO)

THE DEATH FLAG No.045

返事がなくドアも開いている人

ちょっと薄暗い廊下。非常に重厚なドア。そして、返事がない登場人物。この三つが揃えば役満一歩手前といった感じ。併せて部屋から物音が聞こえたらほぼほぼアウト。部屋にいる人は、確実に死んでいる。さて、こうした発見のプロセスだが、量子力学的には発見するまでは死亡していない。たとえ「殺されるぅ！　誰か助けてくれ」と叫び声が事前に聞こえて、無音になっていたとしても。もし、主人公が扉を開けないでエンディングまで突っ走れば、その人が死んだかどうかを確認する術はないのである。そんな流れをアメリカのドラマでは多用し、『クリフハンガー』という技名まで付いている。この生死を明かさない手法、次のシーズンも見たい！　楽しみ！　と感じさせてくれ

Story 4 ホラー編

るのだが、視聴率が悪ければそのままEND。投げっぱなしの終了となってしまう、諸刃(もろは)の剣である。酷評された『デビルマン』や『ジョジョ』の実写版ですらも一応はストーリー完結しているのに、続編が消息不明・動いていない悲しみのコンテンツが山ほど存在する。『(サム・ライミ版)スパイダーマン4』『フレッシュ・アンド・ボーン』『デアデビル2』『トロン3』『パンティ＆ストッキングwithガーターベルト』『どろろ2』『さんかれあ2』『ファンタスティック・フォー(リブート版続篇)』『ワールド・ウォー Z2』『ＤＲＡＧＯＮＢＡＬＬ ＥＶＯＬＵＴＩＯＮ ※見たい訳ではない』と、あげればキリはない。近年リブートや再企画で復活の可能性もなきにしもあらずだが……。

THE DEATH FLAG No.046

一人称視点で追いかけられる人

Story 4 ホラー編

ホラーものの十八番とも言える、追う側視点での追いかけられシーン。ステディカムを活用した躍動感あふれる画面は、追う側の捕まえたい気持ちと、逃げる側が背中で語るドキドキ感が同居している名シーンと言える。このカメラの動きは、『ロッキー』や『スター・ウォーズ』、ホラーだと『シャイニング』で使われたのが印象的である。実際のカメラマンによると、「非常に良い画が撮影できる反面、カメラの重量を腰や腕で支える必要があるため長時間撮影の際には湿布が欠かせない。人によってはギックリ腰になりながら走ったという人もいる」そう。アングル的に、逃げ切れたと思って立ち止まったり振り返ったら大体アウト。頑張って走り抜けよう。

THE DEATH FLAG No.047
奇妙なモノがある部屋に引っ越してしまった人

冷蔵庫やエアコン、はたまたテレビや家具。引っ越しの際、前の人が残した物が提供されれば、無駄に新たな家具を購入しなくてすむ。新生活でかかるお金を節約することができるありがたいものだが、そうしたアイテムも必ずしも良い物ばかりではない。謎の人形、呪術で使われそうな壺(つぼ)、オーパーツ。前住人が残した小粋なアイテムの数々は、貴方(あなた)の新生活に必ず暗い影をおとしてくれる。絶望と悲しみの渦に巻き込まれたくない方はさっさと引っ越しするか、お隣の方に引っ越しソバ代わりにプレゼントしよう。はたまたオークションで【呪いのアイテムかも！　１円即決可】の販売もオススメ。意外と売れるかも。なお、「捨てても戻ってくる」タイプのアイテムでは売ると死亡フラグが立つのでお気を付けて……。

THE DEATH FLAG No.048

デスゲームの説明中に騒ぐ人

Story 4 ホラー編

死亡フラグがどうとか以前の問題として、先に断っておこう。人が喋っている最中にいきなり大声を上げて、話を遮ってはいけない。命がかかったゲームのルール説明中に騒ぎ始めるなど言語道断です。あなたも、デスゲームの主催者——ゲームマスター側の立場になって考えてみてほしい。せっかく会場のみんなのために手間暇をかけ、あれやこれやと趣向を凝らしたゲームを説明しているのです。でもギャアギャアと叫び台なしにしようとしている人がいたら、腹が立って仕方ないでしょう。ごくまれに「そうやってゲーム前に退場したやつが実は死んでおらず、かつうまいこと参加者を裏から操る真の黒幕だった」というパターンもあるが、しっかり黙って聞いておこう。(知的風ハット)

THE DEATH FLAG No.049

鏡の前で異変に気が付いた人

Story 4 ホラー編

映画、特にホラーにおける鏡というのは非常に厄介。背後に忍び寄る殺人鬼など登場人物に作用するアクションと、登場人物のリアクションを同時に映すことができる「鏡」は、作り手にとって最高の小道具。鏡を見ている主人公。ふと何かが映った気がしてふりむくと誰もいない。なんだ気のせいか、と思いもう一度鏡を見ると、そこにはナイフを持った男が！　また薬を保管しているミラーキャビネットも最高の小道具となる。開けて、薬を取って、ひと息ついたと思って戸棚を閉める。すると鏡に映った扉の奥には殺人鬼が！　閉めた瞬間や、鏡に視線を移した後が特に危険。しばしば映画において「鏡」は、作り手からの殺意を映す合わせ鏡となっているのだ。（茶一朗）

THE DEATH FLAG No.050

物音の正体が小動物だと気付き気が緩んだ人

闇夜の森の中、はたまた停電のオフィス内、もしくは廃墟に近い町中。シーンとした空間で『カサッ』という物音が。それまでノホホンと見ていた人も、ポップコーンを食べる手が止まるはず。ホラー映画の十八番とも呼べるドキドキシーンです。よせばいいのに、音の鳴った方向を確かめに行く登場人物。ジェットコースターにたとえると最初の坂を登っているあたりが最初の静寂。不気味な音は思わぬ高さにドキドキしはじめるあたり。そして、音の正体を確かめに行き、リスやネコが出てきてホッとした瞬間、草むら

から殺人鬼が！　ジェットコースターが一気に落下するがごとくの恐怖のラッシュ！　この静と動の組み合わせ、驚かすタイミングのずらしは本当に心臓に悪い！　来るとわかっていても不思議と驚いてしまう、ホラー映画では必須のテクニックだ。しかし、逆に言えば、このフラグが立って何も起きないことはない。自分の生存フラグを立てるために、画面からあらかじめ目をそらしておくのもアリだ。ちなみに、表情豊かな俳優さんだと100％の確率で死ぬ。

THE DEATH FLAG No.051
不気味な客を乗せてしまったタクシー運転手

Story 4 ホラー編

日々沢山の人々を目的地まで届けるタクシーの運転手さん。時に渋滞を読み、多くの抜け道を使って最速で届けてくれる。そんな運転手が、後部座席に乗せたのはちょっと不思議なお客さん。目的地を告げたらあとはうつむいたまま。ルームミラー越しにチラッと見ても、顔だけはハッキリと見えない。長年の経験から危険サインが出ているものの、もう走り始めてしまったし、逃げ出すわけにもいかない。もはや生き残る方法はただ一つ。ＢＧＭをMisirlou(ミザルー)に切り替えてベタ踏みアクセルで目的地まで突き進むのだ。ちなみに、運転手の様子がおかしい場合は乗客側の死亡フラグである。

THE DEATH FLAG No.052

夜の警備員

「夜の警備員が怖がるホラーは本当に怖いホラー」なんて言われるほど、実際の警備員は映画や小説のような不思議な体験をしているそう。霊感が全くない人でも、ホラー映画顔負けの幽霊を見ることも多いとか。そんな我々の安全を守る勇敢な警備員ではありますが、映画の中では恐怖の第一目撃者として大体、酷い目に遭っています。何かを発見するだけならいい方で、背後から襲われ助けを呼ぶ間もなく抹殺されることも。ちなみに目撃しないという職務怠慢によって無事となる『仄暗い水の底から』(管理人)のパターンや、夜の警備員自体が人を襲う殺人鬼になる『地獄の警備員』もある。現代の安全生活においては欠かせない職業だが、映画の上ではどっちに転んでも地獄な職業である。
(茶一朗)

死亡フラグ診断

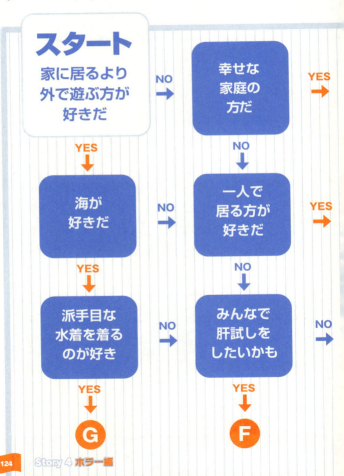

死亡フラグ作家「茶んた先生」監修の世界唯一の死亡フラグ診断！
YES/NO で答えるだけで貴方が死亡するか、それとも生き残れるかが
診断されるぞ！ 果たして、貴方は映画の登場人物になった時に、
ハッピーエンドを迎えること ができるのか？

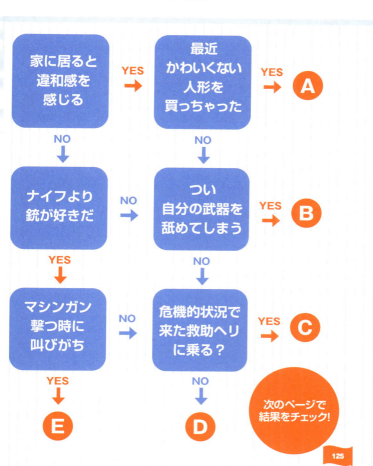

結果

- **A** 死にます。 呪われた人形にお腹を捌かれて死ぬでしょう。奇をてらって変な人形を買うのではなく、キティちゃんかブーさんにしておきましょう。

- **B** 死にます。 人生を舐めた貴方は、筋肉系主人公に首を折られて死ぬでしょう。ナイフを舐めるのをやめて、人の靴でも舐めておけば死なないですむはず。

- **C** 死にます。 安心して離陸したあと、しっかり墜落して死ぬでしょう。危機的状況になったとしても、ヘリに頼らずに頑張って下山しましょう。

- **D** 死にます。 せっかく助けに来たヘリに乗らないひねくれ者は、何をしても死ぬでしょう。死亡フラグの勉強をしすぎです。時には素直になりましょう。

- **E** 死にます。 撃ちおわって、弾切れでカチャカチャしている瞬間に死ぬでしょう。いくら銃声がうるさくても、お口チャックで射撃しましょう。

- **F** 死にます。 概ね全員死ぬでしょう。もちろん、一人でしても死ぬでしょう。そんなにやりたいのであれば、霊媒師の免許を取ってからにしましょう。

- **G** 死にます。 サメや謎のモンスターに沖まで引っ張られて死ぬでしょう。中学生時代のスクール水着か、海女さんようの衣装で泳ぎに来ましょう。

Story 4 ホラー編

DOOMED MOMENTS 05

自分の武器を舐める人

-BATTLE-

STORY5 バトル編

THE DEATH FLAG No.053

自分の武器を舐める人

こんなことまで一から説明しなければならないとはなんとも呆れ果てたものだが、あなたが構えているそのナイフは食べ物でない。ペロペロと舐めるべきではないし、刃先の血や汚れが気になるようなら、舌ではなく布巾で拭き取るべきである。唾液中に含まれる雑菌を塗布して、一種の毒ナイフを作りたいということであれば、素直に薬か排泄物を使うべき。ましてや敵、あるいはそれに準ずる相手が目の前にいるというのに、そんな自信満々な顔で、悠長に武器を舐めているなど言語道断。あなたが本当にナメているのは武器ではなく、相手の実力と戦場の恐ろしさだ。自分の武器を舐めるようなクセは道具の劣化と腐食を早め、それこそ武器の寿命を縮めるので、オネショと一緒に直しておくべきだろう。(知的風ハット)

THE DEATH FLAG No.054

過激派の上司に物申す人

この世は基本的に上下関係で成り立っている。特に、血生臭い戦場のような環境下において、上司の命令は絶対です。命令に対し感情的な理由で迷ったり逆らったりしているような部下は、部隊全体の士気を下げ混乱を招くから。とはいえ、いかに従順なあなたにも、いつか「せめてひと言上司に抗議したい」と思うような日が来るかもしれない。その際、どう反発しようが個々人の自由だが、「大統領など関係ない、私が独断で許可する」とか言い出すタイプの現場主義者が上司の場合は、あまり口ごたえしない方がいいだろう。大体は、見せしめとして殺され、「この死体を片付けろ」などと真顔で吐き捨てられる。それよりかは、タイミングを見計らっていざという時に裏切った方が賢明だ。(知的風ハット)

THE DEATH FLAG No.055

倒れた写真立てに写る人

写真に写るキャラクターの数々。ちょっと美人な女の子と、タフな男の子。この写真を見て貴方(あなた)はどう感じるでしょうか？　映画を少しかじった人であれば、大体どちらか(ホラーやミステリー物であれば両方)死んでいる場合が多いです。大体の場合はドキュメンタリー風に恋愛事情が語られます。ラブラブさをちょっぴりいい加減に紹介。そして、事件に巻き込まれ亡き者に。ミステリーものであれば、この写真の裏側に秘密のメッセージが犯人に繋(つな)がる第1のヒントとなることも。他にも「この場所知ってるわ、○○駅よ！」みたいな形で登場人物を動かす導線になることも。このキャラクター達にはご冥福を祈りつつ、犯人捜しに向かいましょう。

THE DEATH FLAG No.056
必殺技を克服して慢心している人

仮にあなたが武人系の魔族で、何か読者が真似しやすい奥義を持っている格闘家と、死闘を繰り広げている最中だったとしよう。あなたが一度、その対戦相手の印象的な必殺技を見切ったり、ご自慢の防御力で無効化したりできたからといって、決して油断してはいけない。特に対戦相手が、あなたには通用しなかったはずの必殺技を、あえてもう一度、それも土壇場で使ってきた場合には、絶対に「苦し紛れだ」なんて侮ってはいけない。なぜなら、彼は確実に「戦いの中で成長している」か、「こんなところで負けられないという熱い思いによるブースト」により出力を上げているからである。ともかく、あなたは予期せぬ技をまともに食らって敗北することは覚悟しておいた方がいいだろう。(知的風ハット)

THE DEATH FLAG No.057

決戦前に恋に落ちる人

最終決戦の前。どうしても伝えたい思いがある！ その心情は、卒業式の直前に告白してしまう中学生の男女と同じ。でも、映画だと、なぜ今、そのタイミングなんだ！ と思ってしまう視聴者も多いはず。二人が恋に落ちた描写はなかったし、もし好きならもっと早く言えたはずなのに、なぜ最終決戦前に……。正直、アクション映画で本当に説得力のある恋愛模様を描こうと思ったら、2時間では足りない。戦闘のたびに生まれる絆、トラブルをぎりぎりで乗り越えるたびに生まれる相手へのいとしさ。そういうシーンを尺の都合上ディレクターズカットしたせいで、謎に「突然恋する人」が生まれているだけなのだ。だから、なぜかその伏線の無い告白を受け入れてしまう

のも、映画の中では致し方ない。最終決戦はモチベーションが大事。絶対に負けられない戦いがここにある。それを視聴者へ印象付けるために、「愛する人と一緒に戦う」という舞台装置は非常に大きな意味があるのである。なお、「二人とも生き残ったら付き合う」という約束をした場合、大抵どちらかは死ぬ。告白を断った場合、告白した側が断った側を助けて死ぬパターンが多い。どちらにしても、愛する者の死が大きな力を引き出すきっかけに使われるえげつない手法である。そんな死にそうな恋愛事情については、P156からの『デスフラッグ ガール』でも登場するのでぜひチェックしてほしい。

とにかく、好きな人と二人でハッピーエンドを迎えたいなら、最終決戦前に告白してはいけない。

THE DEATH FLAG No.058

試合前に煽る人

プロレス。柔道。サッカー。ボクシング。スポーツ映画では、試合開始の前に、必ずといっていい程煽ってくる敵キャラが登場する。体格煽り、名前煽り、出身地煽り、人種煽り(最近はかなり減っている)etc。多種多様な煽り技があるが、これが自分の勝利につながることはほとんどない。むしろ、相手を怒らせたり本気モードにさせてしまって、真の実力を引き出してしまうパターンが多い。視点を変えれば、「相手に本気を出させてガチンコ勝負をしたい」というスポーツマンシップからの行動かもしれないが、確実に敗北フラグが立つので止めておいたほうがよい。ちなみに、雑魚に見えるキャラや窮地に追い込まれたキャラが最強キャラを煽った場合には、一発逆転の勝利フラグとなる。

THE DEATH FLAG No.059

手紙を仲間に託す人

当たり前だが、死なない戦争映画は皆無。「戦争映画の作り方」マニュアルがあれば『決戦前やミッションの途中で手紙を仲間に渡すシーン』というのは「絶対入れるべきシーン35選」に入っているはず。概ね手紙を書いた人物はラストシーン前後でお亡くなりあそばせるが、手紙自体が失われることはほとんどない。死なないのが一番だが、この手紙があるかないかでは遺族の感じ方も大きく異なってくるはず。託すという人伝てでしか渡されないものだからこそ、散っていった命がバトンとして繋がっていく感覚があるから。ドッグタグや連隊の写真と共に特装版のアイテムとしても活躍してくれることだろう。

THE DEATH FLAG No.060

負けたふりして
だまし討ちしてくる人

もしあなたが少しばかり名の知れた格闘家なりギャングなり、何かしら命を懸けた戦いの中に身を置く者なら、僅差で敗北してしまうようなことがあるかもしれない。実力差を見誤って、自分より数段格上の相手に、コテンパンに叩きのめされることだってあるだろう。なおかつ、自分を打ち負かした相手の温情にすがって命乞いをしたり、屈辱的な状況へと追い詰められることすらあるかもしれない。が、そこで対戦相手があなたを見逃してくれたからといって、「フハハ甘いわーっ！」みたいなことを言いながら、これ幸いとその敵の背中を狙ってダイヴしてはいけない。この時、対戦相手は九割九分九厘、あなたに対する警戒を解いていない。そして外道に堕ちたあなたを即座に振り返って迎撃し、今度こ

分かった…
俺の負けだ…

そ完膚なきまでに殴り倒す。そう、本当にあなたがやるべきだったことは、苦し紛れの情けない奇襲ではなく、このたびの屈辱をバネに立ち上がり、再戦に向けてひたすら修行を重ねることだったのだ。数年間を地道な鍛錬に費やせたなら、再登場時には「ひと皮むけた男」として生き残りつつも、よりその強さと存在感をアピールすることができるだろう。というわけで我々はあなたの、さらなる成長を心から願っている。――ただし、この手の反撃はいわゆる「過去編」だとか「回想」、「前日譚（たん）」のような状況ではごくまれに成功する。もっともその場合でも、大抵は数年後に仇（あだ）を討たれてやはりあなたは死ぬことになるので、決してオススメはできないのだが。（知的風ハット）

THE DEATH FLAG No.061

殺そうとするのを
メッチャためる人

たまにこういう……「すぐにそのターゲットを殺してしまえばいいものの、やたらと溜めに溜めて、溜めまくる人」が存在する……。まるでこの原稿の文字数を稼ぐ必要でもあるかのように……このように不自然な間を取り……くどいほど緊張感を演出し……ダラダラと結論までを引き延ばし……その「めっちゃ溜める人」は……腹立たしいほどにこれでもかと溜めまくる……。一体なぜ彼は……怯えている無力な女性を……始末してしまわないのだろうか……。「己の絶対的優位性を堪能せずにはいられない」サディストなのかもしれない……。「必殺技ゲージをその場でチャージしている」という線も……考えられる……。「遅延行為で対戦相手への精神的嫌がらせを狙っている」という場合もあるだろう……。そのい

Story 5 バトル編

ずれであろうと……こうした極限状態は……長引けば長引くほど……えてして破綻するものだということは……前もって理解しておいてほしい……。あまりに長く……殺そうとするのを溜めすぎ……タイミングを見失ってしまったその時に……あなたは……」割って入ってきた第三者の妨害を受けて死ぬのよ。具体的には、『いつの間にか背後に立っていた、凛々しい顔立ちの女』が、正確にあなたの脳天を撃ち抜いたりするパターンが多いわね。もしくは、『突然壁をぶち破って乱入してきた大型車が、あなたを無様に跳ね飛ばす』ケースも存在するわ。もちろん、全て『溜め』なしでね。さて、「遺言はあるかしら?」なんて台詞を耳元でささやかれないように、そのターゲットはさっさと殺す。いいね?(知的風ハット)

THE DEATH FLAG No.062

バックの大物に頼っている人

チンピラのもっともダサいシーン。それは、好き放題暴れまわっておきながら、いざ殺されそうになるとボスの偉大さを盾に命乞いをする場面である。同じく命乞いの常套句、「反省してます」「重要な情報を教えてやるから」に比べると死亡率は格段に上がる(「重要な情報」の場合、ボスに殺される確率が高い)。さらに死亡率が上がるのが、ヘラヘラしている場合。チンピラならばチンピラなりに最後までイキっていてほしいものだが、それもできない二流チンピラに生きる道はない。現実で例えるなら、芸能人や著名人と仲がいいアピールをする大学生がこのキャラの立ち位置に相当する。世の中は常に実力勝負。ボスに頼ったチンピラはボスに処分され、有名人の名を出して好き放題する人間は見限られる。身の丈にあったイキリを。

THE DEATH FLAG No.063
決戦前に温かい家族の話をしてくれる人

ホウレンソウ(報告・連絡・相談)は社会人の基本。しかし、このタイミングで行うべきではないんじゃないか、ということも度々ある。決戦前の小休止、自分の死の可能性を見て家族のことを話したい気持ちはもちろんわかる。温かい家庭で育ったんだね、いいご両親なんだね、弟さんかわいいね。うんうん、わかるよ。でも、今じゃなくてもいいんじゃないか？ 悪役を倒した後、はたまた闘いの勝利の余韻に浸った際。母国へ帰る旅路だって共有するには遅くはないでしょう。ホームシックになるには、タイミングが悪すぎる！ 家族自慢がしたくなった貴方。24時間後には決着が付いているはず！ 家族の話をしている余裕があったら体力を温存して勝利に貢献しよう！

THE DEATH FLAG No.064

必殺技同士がぶつかり 煙の中から最初に出てきた人

「必ず・殺す・技」。雌雄を決する瞬間に一番映えるのは、なんといっても必殺技である。主人公はもちろん、相手のライバルやボスも、それに匹敵する大技を持っているのがお約束。大抵、必殺技同士がぶつかると衝撃波で砂嵐が巻き上がり、二人の姿を覆い隠してしまう。見守る人々は固唾を呑んで二人の様子を見守り、そしてだんだん晴れてきた煙の向こうにラストスタンディングしてる（一人だけ立っている）のはどちらか……という流れがお約束。もし敵側が立っていた場合、敵の死亡フラグとなる。お約束の流れは次のふたつだ。①立っていた敵が倒れ、その向こうに倒れていた主人公がボロボロになりながら立ち上がる。　②敵が倒れると、その向こうに主人公

が武器を振り下ろしたポーズのままで立っている。どっちにしろ、最強の敵を打倒したカタルシスにあふれる感動的なシーンである。だが、この死亡フラグ、最終決戦かどうかで展開は大きく変わってくる。尺も終わりあたりの最後の戦いであれば、敵の死亡フラグの確率はほぼ100%。しかし、物語中盤で主人公が最強の必殺技を編み出し無双している状態で新しく登場した謎の敵と戦う展開であれば、主人公側の敗北フラグ（死なない）になる可能性が上がる。この場合、敵側の決め台詞の王道は「フン……その程度か」である。なお、この敵キャラが正体を隠した師匠枠であった場合は、主人公が慢心に気づき修行パートに入るので、「修行フラグ」となる。

THE DEATH FLAG No.065

明らかにヤバイ奴に絡みにいく人

酔っ払うと気分が高揚して気持ちが大きくなってしまうのは仕方のないこと。でも「自分が最強だ！」と勘違いしてみたり、「なんだなんだ」と野次馬は危ないフラグが立ってしまう。絡んでパンチしてみたり、肩を組んでみたら、次の瞬間体の部位がありえない方向を向いてしまったり、手が亜空間に消えていたりします。ちなみに画のモチーフとなっている『ターミネーター』は、印象的なバーでのやらかしは実は2から。毎回マッパで登場し、衣装を物理的にゲットしていくターミネーターだが、中でも、3は犠牲者が少なくトラブルになることなくゲットしたり、サングラスがダサかったりなど印象的。そんなターミネーター1作目の未来まであと少しだ。本書を読んだ人はスカイネットをしっかりと破壊しよう。

DOOMED MOMENTS 06

最前線で生中継するリポーター

- PANIC -

STORY 6 パニック編

THE DEATH FLAG No.066

クルーザーに乗ってるパリピ

事実、モンスター映画とクルーザーに乗っているパリピは、ビールと餃子(ギョーザ)くらい合う。映画に登場するサメ、ピラニア、水中生物は海に出ては、クルーザーに乗っているパリピを見つけて食いあさる。そこに濡れTシャツコンテストや、水着を脱ぎ捨てはしゃいでいる美女がいたら、もうブラッディフェスティバル決定です。さながら餓死直前にすたみな太郎(たろう)に入店したかのごとく、サメはこれでもかという程食いあさっていく。軟らかいお肉は、サメの大好物。白い船が真っ赤に染まるまでパーティーはお開きにはならない。「密なパーティ」を普通に描写できないポストコロナ時代となっては、サメさんの大好きなパリピは姿を消してしまった。あれほどムカツくパリピも、いないと寂しいもの。パリピは海のにぎわいである。(茶一朗)

THE DEATH FLAG No.067

過剰な動物狩りを楽しむセレブ

ハンティングというのはいつの時代もセレブの嗜み(たしな)です。元々は生活のための狩猟も、狩りのプロセス自体がセレブ特有の楽しみへと昇華されている。狩りにも暗黙のルールが存在しており【生き物を敬う】【過剰に狩らない】【狩った動物を粗末にしない】というのはどこの国でも守られている殺生の掟(おきて)。でも、映画のセレブがそうした狩りの不文律を理解しているためしはない。基本的に狩りたいだけ狩ってしまう、珍しい動物がいたら惨殺する、狩った動物を足で踏んで記念撮影……etc。どんなに金持ちであって優秀な銃を持っていても、狩る側は狩られる側に一瞬で変化してしまうもの。狩っていいのは動物を敬い、狩られる覚悟がある人だけだということ。それを忘れてはいけない。

THE DEATH FLAG No.068

海をなめている水着ギャル

ホラー映画やパニック映画は、基本的に過信している奴に容赦がない。その代表格と言えるのが、「海×水着ギャル」。彼女たちは判を押したように「自分たちは最強である」という謎理論のもとに生きている。海は一見楽しいものに思えるかもしれませんが、実は危険でいっぱい。溺れるかもしれないし、波にのまれるかもしれない。最新鋭の科学をもってしてもまだまだ未知の領域なのに、なのになぜ調子に乗れるのか！　なめたら死ぬぞ‼ といった忠告をしても、「必死すぎ！　ウケる（笑）」と言われる始末。結果、そんな彼女たちのハッピーライフは、サメや半魚人に破壊され、水中に引きずり込まれていくシーンを見るにつけ、しみじみと「だから言ったじゃん……」と思うのだった。（SYO）

THE DEATH FLAG No.069
肝試しをする不良グループ

不良グループ——それもハッパと酒瓶をお供に、父親の車をブンブン乗り回し、やたら地元で幅を利かせている学生たちに心当たりはあるだろうか。その学生達は、肝試し中に軟派の伊達男とそのガールフレンドがこっそり抜け出し、不純異性交遊に励んでいますか？　まあシチュエーションの子細はどうでもいいが、貴方も一緒にバカ騒ぎしていた場合、かなりの高確率で死ぬ。怪物か悪霊か、それとも殺人鬼か。とにかく恐ろしくて強い力を持った存在が、あなたをその不良グループの面々ごと、まとめてひねり潰してしまうことだろう。そしてあなたの脳裏には、今際の際に「ちゃんと勉強しておくべきだった」と社会人１年目のような後悔がよぎるはずです。（知的風ハット）

THE DEATH FLAG No.070
見晴らしの良いところで演説する人

演説活動においては、人が集まりやすい場所やだだっ広い広場で行う場合が常。そうした開けた場所はどんなに警備をしっかりしても暗殺の危機にさらされてしまう場合が多い。事前に暗殺疑惑の情報が入っていたとしても、「強い政治家を見せなければいけないから、演説は取りやめない！」などと強行してしまう場合も多いのではないだろうか。最近では、空から狙うドローン爆弾や細菌兵器など殺され方のバリエーションも非常に増えている。ちなみに、映画を沢山見ていると、『カメラが必要以上に引きに入る』『連続して無駄に前後左右の別カットが示される』『バーやリビングのテレビなどから演説を見る』と、より確実に死亡フラグが立っていると断言できる。

THE DEATH FLAG No.071

最前線で生中継するリポーター

リポーターのプロ意識には頭が下がる。目先の出世欲に駆られてかもしれないが、「巨大生物やら天変地異やらが暴れている最前線に立ち、生中継を行う」など、よほどの度胸がなければ到底なしえない所業である。しかし本当に必要なものは、プロ意識ではなく危機管理意識。状況判断を見誤れば、あなたの立場は傍観者から被害者へと急変する。画面後方からいきなり飛んできた「何か」によってあなたの命は奪われ、明日の朝刊の三面記事を飾ることなく忘れ去られてしまう。それはとても悲しいことだ。というわけで、目の前でカメラが回っている最中には、あまり大きな怪獣や自然災害には近づきすぎないよう心がけておこう。(知的風ハット)

THE DEATH FLAG No.072
突然回線が途切れる トランシーバー越しの人

90年代には欠かせない存在だったトランシーバー。最近では同時通話のできるトランシーバーが増えたが、初期の物は片方だけしかしゃべれないものがほとんど。パニックやホラー、刑事ものではドキドキしながら情報を受信し頭の中で想像力をかき立ててくれる。パニックものではドキドキのコントロールが大事だから、モンスターや敵キャラを出演させることはしない。トランシーバー越しに悲鳴や破壊音と共にチラ見せさせていく。もちろんＰＶやチラシにてモンスターなどを知る機会は沢山ある。だからこそ、一旦リセットして見てもらうためトランシーバーって本当に重要なアイテムなのだ！　100年後の映画ではどういう風に取り扱われているのか、別のガジェットが使われているのか、気になるところだ。

THE DEATH FLAG No.073

爆発の黒煙をのぞき込む人

その気持ちはよくわかる。確かに爆発の黒煙の中は気になるものだ。特に、あなたが全身全霊を込めて放った必殺技だとか新兵器などを派手にぶちかましましたときには、それでちゃんと相手を倒せているのかどうか、ついのぞき込みたくなってしまう。が、「今回はやけに煙の量が多くて、色も濃いな？」と思った場合は注意しよう。おそらくあなたの攻撃はちっとも効いていない。それどころか、ほぼ無傷のドヤ顔で煙の中から出てきた相手は、「……こんなものか？」とか、ちょっと調子に乗ってくるかもしれない。ちなみに、黒煙をのぞき込むのも良くないが、逆にのぞき込まずに「オレたちの勝利だ、ざまあみろ！」などと先走って騒いでしまった場合にも、実は生きていた相手に後ろから刺されて死ぬ。（知的風ハット）

THE DEATH FLAG No.074

クラブで踊るパリピ

Story 6 パニック編

基本的にパリピは死ぬ。中でもクラブで踊りまくっているキャラはマンボウの稚魚よりも死にやすい。映画監督達に秘めたるコンプレックスがあるのか、戒めたい気持ちがあるのかもしれない。確かに、クラブの暗い明かりの中や、大音量の中では何かあっても気がつきにくいモノ。逃げようとする人達で、ごった返すのは仕方がない。でも、なんで一番派手な人から死んでいくのだろうか？　唯一パリピ属性でも生存率が高いのが、主人公にお姉さん的ポジションのキャラ。ナードな主人公が女との距離感の取り方や駆け引きを伝えてくれる師匠ポジションである。このキャラが恋人ポジションにまで昇格するか、使い捨てビッチかで生存率が大きく変化する。

THE DEATH FLAG No.075

シャワーを浴びる美女

人間が日常生活において恐怖を感じる瞬間がいくつかあるはず。その一つは、シャワーを浴びているときだろう。ドアに背を向けて、裸で、目をつぶる。「いま襲われたらヤバい」という防衛本能が、"怖さ"を呼び起こすらしい。そういう感覚に根差した死亡フラグがこちら。ヒッチコックの『サイコ』以降、鉄板の演出となった。このシチュエーションが絶望的なのは、襲われたときに回避する術（すへ）がほぼないということ。風呂場という逃げ場のない密室、全裸という無防備、武器になるものもなく、割と"詰み"だ。（ステイサムならシャワーのノズルとヘッドで瞬殺するだろうが）。画的に映（え）る美女が登場したとなれば、リーチがかかった状態。観客的には「来るぞ来るぞ」と待ち構えてしまうことだろう。（SYO）

THE DEATH FLAG No.076

水辺で足に何かが触れた人

浜辺で泳いでいる最中、はたまたパシャパシャ遊んでいる時。見えない視覚で何かが触れてしまった感覚。一度でも海を体験したことがある人であれば覚えがある嫌な気分。大抵はワカメや昆布などの水草が千切れて流れ着いたモノの場合が多い。レアな場合はクラゲやウミウシ、はたまたヒトデなどの生物だったり。でも、パニック映画やホラー映画の冒頭で何かに触れてしまったのであればもうクレイモア地雷と同程度の死亡率（ほぼ死にます。ご愁傷様です）。もはや絶望しかない。すでに、海辺に行くこと自体が死亡フラグかもしれない。被害者をこれ以上増やさないためにはナイトプールか、VRのプールだけでイチャイチャ遊ぶのをオススメする。

DOOMED MOMENTS 07

噛まれた人

-SHARK/ZOMBIE-
STORY7 サメ・ゾンビ編

THE DEATH FLAG No.077

噛まれた人

噛(か)まれても意識を保っているから大丈夫？　そんなことはない。物語終盤までワクチンは発見されないから、最初に噛まれた人は大体間に合わない。残念ですがご臨終です。ほとんどのモブキャラクターの方々はゾンビ化への一途をたどる。彼らはゾンビ化の怖さや、病原体やウイルスの怖さを教えてくれる大切な実験動物。時には、死に花散らして他のゾンビなどを巻き込んで逃げ道をつくってくれるが、8割型黙っていて大変なコトになるのがお約束。深夜寝ているとき、シャワールームで、はたまた乗り合わせた乗り物の中でいきなり主人公に噛みついてくる。対処法は簡単で、ヘッドショット一発OK。たとえ親友や元恋人であっても、一旦躊躇(ちゅうちょ)する演技を添えつつしっかり撃ち殺そう。

THE DEATH FLAG No.078
字幕映画で明らかに途中でセリフが途切れている人

映画の、特に物語が半ばに差しかかったぐらいのタイミングにおいて、「自分がまだしゃべっている最中だというのに、いきなり"…（三点リーダー）"、もしくは"―（罫線）"が字幕に入った」と気が付いたら用心しよう。ジャンルが爆炎吹き荒れるアクションものだったり、血に飢えた怪物が飛び出してくるパニックものだったりした場合には、残念ながらもはや手遅れ。大体あと2秒くらいで死ぬ。突然の爆発や怪物にバリバリとやられます。ただし、あなたがタフガイもしくはコメディリリーフなら、「バカヤロー！　2千ドルのスーツが台なしだぞ！」と軽口を叩き復活するかもしれない。いざという時のためにも、ユーモアと筋肉を磨き、そしてもう少しマシなシャツでも買っておくべきである。（知的風ハット）

THE DEATH FLAG No.079

物語の中盤で登場する救助ヘリ

Story 7 サメ・ゾンビ編

険しい岩山、ゾンビに襲われた都市、砂漠への救援。救助ヘリは天使とも呼べる存在だが、作品中盤においては絶望のスパイスでしかない。ヘリは着陸する間もなく、墜落。はたまた救助者に気が付かないで飛び去ってしまう。これはヘリパイロットがおっちょこちょいなのではなく、見えざる作り手のいたずら心。映画以外でよく言及されるのは、カプコン製ヘリの墜落率の高さ。バイオハザードのヘリは、ボスを倒さないかぎり離陸を許してくれない。ある作品では、一杯飲みに行こうというフラグまで……（公式にもヘリは墜落するものと言及する程）。ボンドカーが必ずむごい破壊をされるように、カプコン製のヘリが墜落するのも作品の風物詩とも言えるのではないだろうか。

THE DEATH FLAG No.080

暴走車両を制止させようとする人

暴走している車両を拳銃で牽制(けんせい)して止めるというのは実は至難の業(わざ)。というのもハンドガンの有効射程距離は50m。暴走車両が時速60kmで近づいてきた場合、射撃できる時間はものの3秒と言われている。たとえ運転手に当てたとしてもブレーキをかけてくれるかわからないため、併せて回避行動も取るべきだ。これをたったの3秒間で行える自信がなければ車の前に立ってはいけない。日本の警察であればよりひどいことに。①警告②威嚇射撃③実際に狙って撃つ、という3段階が「警察官等けん銃使用及び取扱い規範」によって定義されている。いきなりの射撃はNGだ。要するに「止まらないと撃つぞ！」は警察の「頼む！　止まってくれ！」という祈りの言葉なのだろう。（佐藤）

THE DEATH FLAG No.081

目を離したらいなくなっている人

玩具売り場に近づいた３歳児。フロアのエスカレーターを降りた瞬間から駆け足になり、一瞬の隙を見せただけで並べられた玩具の山に突入していく。ホラー物においても最初の犠牲者は神隠しの如く消える。モブに近い愛着がないキャラクターや、屈強なリーダーキャラほどサイレントに消えるのである。上の画の如く、警戒してビクビクしている人を尻目に、『大丈夫、そんな怪物いるはずないよ』『きっとオオカミか何かだよ』『そんなバケモノいるならテレビ局に持ち込もうぜ！』と余裕をもってしまった人物は非常に危ない。隙だらけの人物よりも怖がっている人物の方に視聴者の視点が向くためミスディレクションとしても機能してしまうのだ。あっ○○

くんどこいった？　と疑問に思ったり、ガラスの割れた音が聞こえた時点で、早めに葬儀屋さんへの予約をしておきましょう（でも、大抵電話線が切られているか圏外ですが）。その後、時間をおいて無残な姿で発見されるか、捕食された結果として血だらけのシャツや靴だけ発見されることが多い。あくまで個人の意見と前置きですが、しっかりとした監督のホラー程死亡率が高く、Z級映画は理由なくキャラクターが復活したり、そのタイミングでは死んでなかったというオチが多い。それだけでなく、サイレントに殺害されたり捕食されることがホラーとしてキモになるにもかかわらず、拙い（つたな）SFXやCGを使って殺されるシーンをわざわざ盛り込んでくれる。

THE DEATH FLAG No.082
近くで怪獣同士が戦っている有名な建築物

Story 7 サメ・ゾンビ編

特撮におけるミニチュアの技術は日々進化している。枝正(えだまさ)義郎(よしろう)氏や円谷英二(つぶらやえいじ)氏など特撮ブームを多くの人が支えてきた。そんな中でも、ゴジラを始めとする劇場版の特撮においては、有名建築物が必ず登場する。今でこそ聖地巡礼のための建築物の存在というイメージだが、怪獣のスケール感につなげ、絶望的な程の破壊力を見せるために登場しているのだ。高度経済成長を経て高層化した日本の建築物に合わせてゴジラのサイズも巨大化してきており、初代ゴジラのサイズは50mでしたが、2016年公開の『シン・ゴジラ』では118.5mまで身長UP！　もちろん、大きくなれば破壊力も拡大するし、破壊されると業績が上がるという噂(うわさ)もある。次回作では宝島社を一撃で破壊してください。

THE DEATH FLAG No.083

嵐の日に畑の様子を見に行く人

死亡フラグとは何も、パリピだけに立つわけではない。仕事人間の前にも平等に襲い掛かるのだ！　ハリウッド映画では大抵、宇宙から飛来したエイリアンはコーン畑に落下する。或いは、化学工場で爆誕したクリーチャーが麦畑に迷い込む。第一の栄えある犠牲者となるのが、農家の方々だ。窓がガタガタ揺れる程のひどい嵐の夜、突如吠え立てる愛犬。長年の勘で異変を察知した農夫（大抵おじいちゃん）は、危険を顧みずに作物を見に行く。普通の人だったら濡れたくないし、面倒くさくて放っておくに違いない。そこをあえて行く仕事愛と献身さたるや、頭が下がる。ターゲットが善人であればあるほど、悲劇性と化け物のおぞましさが輝き、娯楽性が加速するのだ。実に無慈悲！　農家のおじいちゃん、R.I.P.。（SYO）

THE DEATH FLAG No.084
ありえないほど釣り竿がしなって興奮している人

生き物との真っ向勝負。釣りって、一度やると男女問わずやみつきになる趣味ですよね。大きければ大きいほど釣りの難度は上がるから、釣れたときの感動はひとしお。でも、興奮が過ぎると糸の先にひっかかっているのはお魚さんではなく死亡フラグであるということに気が付かない。『お、○○さんが大物をヒットさせたぞ！』と立ち上がる釣り人。お、大物だねと集まってくる人々。リールは、異常な程のスピードで回転しはじめる。釣り上げれば、堤防や釣り場のヒーローにはなれるが……。何故か魔法のように折れない竿と、切れない糸。次の瞬間、大口を開けた謎の生物が水面から飛び出しパクリ！　釣り人の姿はどこにもない。来世では大物を釣り上げられるといいですね！

THE DEATH FLAG No.085
完全に死亡確認していないのに近づく人

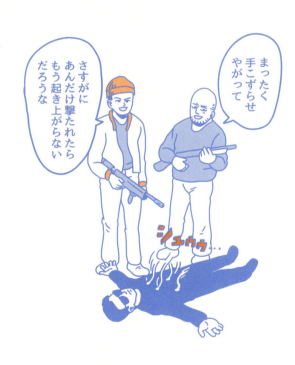

くどいほど死亡確認を行うキャラクター(『ジョジョ』のディオ)もいれば、簡単に死んだと判断して近づいてしまうキャラクターもいる。特にモブキャラクターほど、倒したと勘違いして近づいてしまうもの。簡単に吹っ飛ばされて横たわっている相手は流体金属でできていたり、拳銃なんか弾いてしまう堅牢(けんろう)なボディを持っているにもかかわらず!　この画の場合であれば、帽子をかぶった男は、足首をつかまれ握力でポキッと骨折。その後一瞬で首の骨を折られてしまう。スキンヘッドの男は、叫びながらショットガンをぶちかますものの弾切れになり、最後はストック側でぶん殴るが無傷。ワンパンKILLといった流れが一般的。戸締まりや火の元確認と同じく、くれぐれも死亡確認はしっかり行いましょう。

THE DEATH FLAG No.086

古代の封印を解いてしまう人

封印を解くというのは百害あって一利なし。エジプトのアクションものや怨霊がでてくるホラーものの映画を見たあとなら誰もがDNAに刻まれるはず。でも映画やドラマの登場人物達は、根拠なき謎の自信により金銀財宝のため、はたまたインフラ整備のため、封印をパパッと解いてしまう。「辞めた方がいいのでは」と苦言をする人はいても、殴ってでも止めようという人はいない。結果、厄災やミイラなどの非科学的な存在から抹殺されてしまう。押しちゃいけないボタン、開けてはいけない恩返し、見てはいけない彼氏のLINEなど、人は禁じられているとやってしまうもの。でも、禁じられたことをやって良かったことなんて何もありません！ パカッと開けたい気持ちを、しっかりおさえて封印しておこう。

THE DEATH FLAG No.087
仲間と離れたところでイチャイチャし始めるカップル

サメやゾンビ映画で初期に死ぬイチャイチャカップル。監督は学生時代に何かトラウマを抱えているのでは？　と心配になるくらいメチャクチャにやられるパターンが多いこと。集団から離れた場所でイチャイチャを始める二人は片方はアメリカンフットボール所属、もう片方はチアリーダーのキャプテンといったイケイケタイプがデフォルト。ところ構わずいちゃつく割りに、周りの目を気にして二人っきりになってしまうもんだから死ぬのは致し方ない。なんかこの惚気(のろけ)っぷりを思い出したら私もイラッとしてきました(しかも主人公をなじる、嫌みな二人である場合も多い)。大きな事件の狼煙(のろし)をあげる重要なキャラクターなので、さっさと死んでもらいましょう。

THE DEATH FLAG No.088

ゾンビの腹ばっかり撃っている人

ゾンビに応戦する際には、とりあえず頭か首を狙ってみよう。もちろん、頭どころか首を切り落とされたって大したダメージを負わないゾンビや、炎や電気を使わなければ倒せないゾンビ、さらには無敵に近い体質のゾンビも数多く存在する。とはいえ、「ゾンビの弱点は頭か首」というのが昨今のメインストリーム。でもゾンビの腹ばかりを狙って撃つそこのあなた。相手のことをまだゾンビだと認識していないのか、もしくは怯えや焦りのせいで判断力が落ちているのか――いかなる理由であれ、ゾンビの腹ばっかり撃っている人は死ぬ。あっけなく距離を詰められ、そのまま頸動脈に噛みつかれたり、なぜかものすごい力で内臓を引きずり出されて死ぬ。これはまあ、そういうものである。（知的風ハット）

THE DEATH FLAG No.089
やたら怪物に詳しくて偏屈なベテランハンター

パニック映画系の創作物において、「いやに怪物の生態に詳しい地元民」という人種が存在する。大抵は狩人(かりゅうど)として生計を立てているようだ。気難しさから「変人のトーマス」だとか「飲んだくれのボブ」のような、やや侮蔑的な呼び名や評判で通っている。多くは腕こそ立つものの、おかしな言動を繰り返すため、隣人からは疎(うと)まれがち。が、「人食いアニマル」が突発的に町を荒らし始めた時にこそ、本領を発揮する。彼らはふと現れたかと思いきや、その怪物にまつわるユニークなエピソードを語ってくれたり、先祖と怪物の因縁をアピールしたり、時には無償で怪物退治を請け負ってくれることも。大変ありがたい話ではあるが、ベテランハンターは、志(こころざし)半ばで九割方死ぬ。なぜかは知らないが。(知的風ハット)

THE DEATH FLAG No.090
発見されたテープに映る人達

Story 7 サメ・ゾンビ編

「この映像は、とある出来事が原因で失踪した元の撮影者が、最後に残した記録である」という形式・体裁で進む作品を「ファウンド・フッテージ」と言う。言わずもがな、そんな気持ち悪いものに映っている人間や、その活躍を記録している撮影者は、ほぼほぼ全員死ぬ。本編に登場した人間が今も生きているなら、そのテープは「撮影者本人が直接マスターを関係者に手渡しするはず」であって、「第三者の手によってどこからか発見」なんて世に出るわけがないのである。クライマックスで、撮影者が「パパ、ママ、ごめん。愛してるわ」なんて話していたようなら、これはもう絶望的といっていいだろう。死にたくなければ「カメラを止めるな‼」とか言っている場合ではないのだ。

THE DEATH FLAG No.091

一人でトイレにいっちゃう人

生理現象というのは止められません。溜めていると膀胱炎にもなりますし、リラックスにもつながるため小便に行けるときに行っておくのが正しい選択肢です。しかし、戦争やホラー映画における小便は闘いの火蓋に繋がることも多く、一概に行って良い！　とはなりません。むしろ小康状態の時に小便に行く方が危険。とはいえ、マブダチでなければ連れションというのも難しい。怖いものを見てもよおしてしまう3枚目ポジションの方が生存できるかもしれない。ちなみに、史実でも盧溝橋事件でトイレに行った兵士がきっかけで日中戦争が始まってしまいました。トイレはストーリーの起点となる大事な場所なのかもしれません。トイレに笑う者はトイレに死ぬのかも!?

THE DEATH FLAG LONG COLUMN No.003

映画俳優と死亡フラグの話

死ぬはずだったキャラクターが死なないまま終わるor復活するパターンはアクションやバトルもの、ＳＦ映画において非常に多いです。代表的なキャラクターで言えばやはり、『ターミネーター』のＴ－800でしょう。1作目では敵だったＴ－800。シュワルツェネッガーの好評から2作目では主人公サイドのキャラクターとなり、作品における顔的な存在にまでなりました。そして、よく死亡キャラが現場で変わるのが『スターウォーズ』。ハン・ソロは脚本上は殺されていましたが、玩具売り上げの為に生き残ることに。ポー・ダメロンも、脚本上は死ぬはずだったことがインタビューで明かされています。しかし、ポーは生存するべきだ！　と直談判した結果、生存する形に脚本が置き換わりました。ボバ・フェットも正史においては死亡扱い。しかし、コミカライズ版では復活。見えざるフォースの力によってコロコロ生死が変わります。死亡してしまうとシリーズ化が途絶えてしまう主人公の生死。シナリオや原作

での死亡キャラが映画では生死不明や生存シーンが加えられることが多々あります。『ランボー』は、死亡シーンの撮影まで行われており１作のみで完結する可能性もありました。しかし男の可能性からか生き残る事となりました。結果から言えば、ここまでの名シリーズとなった訳ですから殺さなかったのは大正解です。ちなみに、逆パターンの生存するはずだったのに殺されたキャラというのは意外と明らかになりません。ギャランティーやスケジュール、はたまた監督や脚本家と大げんかで死亡という場合もあります。ですが、どうしても多いのは撮影中〜撮影後の俳優の死亡ではないでしょうか。ポール・ウォーカー、リバー・フェニックス、ヒース・レジャー。事故や事件、はたまた病気など色々な要因がありますが、どの俳優も亡くなってもよかった人なんて誰もいませんよね。なぜ演技が上手い俳優ほど不幸になるのでしょうか……。

> この本を手に取っていただきありがとうございます。

まさかSNSで呟いたあるあるネタがこんな形になるとは…。

思えばこの本の企画が僕の商業作家としてのデビュー作でした。
僕は各死亡フラグのネタとイラストをたくさん考えて、
あとはライターさんや編集さんやデザイナーさんたちに
おまかせする形式で作らせていただいたのですが、
改めてたくさんの人の協力でできた企画だなと思います。
本当にありがとうございます。

世の中おもしろい映画も
おもしろくない映画もたくさんあります。
それらを見る視点をこの本を読んだ上で増やしてみると、
もう見た映画にも新しい刺激が生まれるかもしれません。

茶んた CHANTA

明日から使える死亡フラグ図鑑
(あすからつかえるしぼうふらぐずかん)

2024年12月11日　第1刷発行

著　者　茶んた
発行人　関川 誠
発行所　株式会社 宝島社
〒102-8388　東京都千代田区一番町25番地
　　　　　電話：営業 03(3234)4621／編集 03(3239)0599
　　　　　https://tkj.jp
印刷・製本　株式会社広済堂ネクスト

乱丁・落丁本はお取り替えいたします。
本書の無断転載・複製・放送を禁じます。
©Chanta 2024
Printed in Japan
First published 2020 by Takarajimasha, Inc.
ISBN 978-4-299-06266-6

宝島SUGOI文庫　好評既刊

怖い村の話

姥捨山伝説、「日本国憲法つうじません」という看板がある村……本書に収録されているのは「いわくつき」の地における怪異な体験談である。"異世界"に迷い込んだ者たちは、この世のものとは思えない体験をする。知ってはいけない禁忌の眞相。背筋も凍る64編の恐怖＆怪異譚。

監修　都市（とし）ボーイズ

定価880円（税込）

宝島SUGOI文庫　好評既刊

競艇と暴力団
「八百長レーサー」の告白

西川昌希(にしかわまさき)

公営競技・ボートレース史上最大の八百長スキャンダルはなぜ起きたのか。逮捕された選手本人が不正の全貌を明かす懺悔の書。暴力団組長の子として育てられた数奇な生い立ちと天才的な選手としての資質、巧妙な不正の手口、消えた5億円の行方、ボート界の隠蔽体質——。業界騒然の話題作。

定価890円（税込）